해바라기

맹주상

서 문 당

꿀에 향기는 묻어와도 향기엔 꿀이 묻어오질 않는다.

Though honey has a scent, the scent

doesn't come with honey.

-맹주상-

차 례

동화 속 곤충과 동물들

*뚱보: 세 갈래 중에 가장 뚱뚱한 소나무
*키다리: 세 갈래 중에 가장 키가 큰 소나무
*이쁜이: 세 갈래 중에 가장 허리가 예쁜 소나무
*미도: 장고개 머루골 두더지왕초, 의협심이 강하고 의견수렴을 잘하며 일에 대한 탁월한 추진력을 지니고 있음
*구드: 멱시 두더지왕초, 땅굴수로와 서커스공연 의견을 냄
*뤄드: 어둔골 두더지왕초
*소토: 마리골 두더지왕초, 폭우로 어린 딸을 잃었으며 아주 풍부한 생각을 지니고 있음
*도니: 불개미왕초 ↘
*라보: 굼벵이왕초 → 으름, 다래, 머루나무들의 음모에 동참하고 세 갈래 소나무를 습격함
*자멜: 하늘소 대장 ↗
*로만: 아주 약은 돌모랭이 다람쥐왕초로 두더지를 위해 공연장을 만들어 주고 두더지들로 하여금 도토리저장창고를 짓게 함
*루이: 마리골 재간이 뛰어난 산토끼, 서커스공연의 사회를 맡음

*지돈: 돌모랭이 개미 가수 ↘
*호빈: 댕갈말 굼벵이 가수 → 이들은 쓰리테너로 세 갈래 소나무를 습격하여 새집을 짓는 것을 반대함
*레미: 머루골 하늘소 가수 ↗
*지즈: 아름다운 금색 털을 가진 고양이 가수로 아주 거만한 동물임
*푸카: 아프리카에서 초대 받고 온 원숭이로 서커스공연에서 동물구조시범을 실제상황에서 보임
*후스: 어둔골 통역관 너구리
*토벤: 예리한 감성과 아주 푸른 눈빛을 지닌 노루로 서커스공연 악단의 지휘자임

● 해바라기

봄 개울물 아기종다리마냥 재잘대며 흐르는 강당골

그 골짝 깊은 숲 속에서는 많은 동물과 식물들이
맑고 아름다운 물소리를 들으며
평화롭게 새봄을 맞이하고 있었어요.

나이가 가장 많은 세 갈래 큰 소나무도
푸른 손을 부채처럼 활짝 펼치고
해님이 주는 맛난 봄볕을
뾰족한 손으로 콕콕 찍어먹고 있었어요.

"참 맛있다. 해님은 늘 계절에 꼭 맞는 맛있는 음식만 주시거든."
오른쪽에 있는 몸이 통통한 소나무가 말했어요.
"해님나라에는 훌륭한 요리사가 많이 있나 봐.

우리 소나무들 입맛은 아주 까다롭기로 소문이 났잖아, 그런데도 음식을 남긴 적이 없었지."

하고 왼쪽에 키가 큰 소나무가 말했어요.

"그뿐만이 아니야. 해님은 매 시간마다 별미만 주시잖아."

"그리고 음식이 상했거나 식은 것을 한 번도 준 적이 없었지."

"그래서 내 허리가 이렇게 매력적인 거 몰라!"

앞쪽에 있는 허리가 참 예쁜 소나무가 끼어들었어요.

"그런데 저 참나무는 하늘 끝까지 올라가 맛난 음식을 저 혼자만 먹으려나 봐. 벌써 내 키를 훌쩍 넘어 우리 키다리만큼 올라왔네."

"나는 뚱보라 몸이 무거워 저놈을 따라 올라 갈 수가 없어."

참나무는 겨울이면 옷을 벗고 겨울잠을 자야 하지만 봄여름 가을 동안 소나무를 시샘하며 기를 쓰고 높이높이 올라갔어요.

어느새 참나무도 키다리소나무만큼 자랐어요.

그렇다 보니 뚱보랑 이쁜이소나무는 해님이 주는 맛난 음식을 충분히 먹질 못하게 되었어요.

키다리도 날이 갈수록 걱정거리가 많아졌어요.

왜냐하면 소나무 옆에는 참나무만 쑥쑥 올라오는 게 아니었어요.

느티나무, 오리나무, 고로쇠나무, 갈참나무와 같은 튼튼한 몸을 가진 것들이 하늘로 치솟듯이 올라오고 있었으니까요.

날이 갈수록 소나무는 해님에게서 받아먹을 수 있는 음식의 양이 자꾸만 줄어가고 있었어요.

키다리는,

"나는 더 이상 하늘로 올라 갈 수가 없어 내 허리는 너무 약해 사나운 겨울폭풍이 몰아치면 부러질 것 같아, 그리고 저 아래를 내려다보면 너무 무서워."

"그 옛날
시냇가 맑은 물소리
가까이 들리고
아기 산토끼

나를 넘던
그 시절이 그리워라."
키다리는 그렇게 노래를 부르며 울먹였어요.

"점점 기후도 이상스럽지 너무 따뜻해 저것들은 초겨울이 지났는데도 옷을 벗고 겨울잠을 잘 생각을 하질 않아."
하고 뚱보소나무가 말했어요
"그래 맞아. 북극의 얼음도 녹아내린데."
"성탄절이나 좀 가까이 와야 해님이 주는 찬 음식을 겨우 조금 맛볼 수 있으니 이러다간 우린 모두 굶어 죽을 것 같아."
뚱보소나무는 너무 배가 고파 펄펄 내리는 눈도 음식으로만 보였어요.
"허리가 아름다우면 뭐해 이젠 해님에게 내 예쁜 몸매를 보여줄 수가 없으니 그리고 너무 배가 고파 까치집도 무거워, 이젠 새들이 날아와 내 몸에 앉는 것도 귀찮고 싫어."

그런데 눈보라가 무섭게 치는 성탄절이 가까운 어

느 날 밤이었어요.

세 갈래 소나무는 지친 채 하얀 눈을 덮고 깊은 잠에 빠졌어요.

사나운 폭풍만 들개처럼 온 숲을 흔들고 동굴 속 동물들도 몸을 웅크리고 깊은 겨울잠에 들었어요.

근데 이때 세 갈래 소나무가 있는 땅 속에서 무언가가 꿈틀거리는 것이었어요.

두더지왕초 미도는 그것을 잡아먹으려고 날카로운 하얀 이빨을 내놓고 숨어서 기다리고 있었어요.

그런데 그들은 곤충이 아닌 머루나무, 다래나무, 으름나무들이었어요.

"사이도 썩 좋지 않은 뱀 같은 것들이 이 밤중에 잠은 안 자고 뭐 하는 거지! 참 이상한 일이네."

두더지 미도는 그들의 말을 숨어서 엿듣기로 했어요.

머루나무가 먼저 말을 꺼내는 것이었어요.

"오늘 만나자고 한 것은 너희들도 잘 알다시피 우리보다 키가 훨씬 크고 튼튼한 나무들이 하늘 높이 올라가 해님이 주는 음식을 다 먹어 치워 우린 저것들이 먹다 남긴 부스러기만 겨우 받아먹으며 거지처럼 살고 있잖아."

"맞아. 그 식량을 가지고는 가을에 달콤한 열매를 만들 수도 없어. 이젠 사람들도 우릴 보려고 이 숲에는 들어오질 않아, 오히려 저 어둔골 머루와 다래가 더 맛있다고 그랬어."

다래나무가 투덜거리며 말했어요.

한참을 말없이 침묵만 지키던 으름나무가 입을 열었어요.

"저 세 갈래 소나무는 하늘 높이 올라가 해님이 주는 맛난 음식을 수백년이나 먹었지. 그리고 극심한 가뭄이 들던 해에도 그 달큰한 물을 만들어 우리를 죽음에서 구해주고, 가을엔 열매마다 최고의 단맛을 내게 했지."

"어디 그뿐인가. 저 고로쇠나무는 우리에게 단물은커녕 봄만 되면 사람들에게 다 뽑아가게 해 놓고는 가물 땐 목말라 죽겠다고 고래고래 소리만 지르지를 않았나, 그래도 소나무는 말없이 늘 단물을 내어 주었지."

"그러고 보니 참나무도 느티나무도 소나무가 키

운 거나 마찬가진데 이젠 그들 때문에 소나무가 죽어가고 있어."

하고 으름나무가 말을 끝내는가 싶더니

"하지만 세상이 바뀌었으니 우리도 어쩔 수가 없지. 그리고 소나무한테서는 더 이상 단물이 나오질 않잖아."

"참나무가 지난해부터 해님이 주는 맛난 음식을 거의 다 먹어치우고 있으니 말이야."

머루나무가 답답하다는 듯이 말을 끝내자 으름나무가 속마음을 털어놓았어요.

"이젠 가물 때 쓴물이라도 얻어먹으려면 저 참나무에게 잘 보여야 될 것 같아."

두더지는 땅 속에서만 살아왔기에 바깥세상 일은 잘 모르고 있었어요.

하지만 소나무가 늘 단물을 뿌리를 통해 내려주면 두더지도 그 물을 마시며 고마움을 잊지 않고 그동안 소나무뿌리에 달려드는 개미나 굼벵이 그리고 하늘소들을 얼씬도 못하게 하였던 것이었어요.

두더지 미도는 그들 이야기를 몰래 듣고 나서는

'참 의리도 없고 은혜를 모르는 놈들! 누구든 소나무를 해치는 놈은 가만두지 않겠다.'

고 생각하며 다시 귀를 쫑긋 세웠어요.

"자 달큰한 술이라도 한 병씩 들고 참나무를 만나러 가자고."

"이 밤중에 말인가?"

"낮에는 많은 넝쿨들이 그를 만나 발가락이라도 빨아먹으려고 줄을 서 있다지 뭐야."

다래나무가 어둠침침한 등불 밑에서 턱을 고이고 말했어요.

머루나무도 다래나무 의견이 맞다는 듯이

"그럼 그렇게 하자고. 지금은 모두가 잠든 밤이니 이럴 때 그를 찾아가 아주 특별한 관계를 만들어 놓는 게 좋을 것 같아."

라고 말하며 고개를 끄덕이었어요.

● 숲 속의 음모

참나무가 서 있는 곳은 알맞게 비탈진 언덕이었어요.

그리고 아주 큰 바위가 그 앞에 떡 버티고 서 있었어요.

그들은 마치 물고기가 헤엄을 치듯 땅 속을 헤집고 참나무가 있는 곳으로 갔어요.

두더지도 땅 속을 살금살금 기어 그곳으로 갔어요.

그들은 바위를 기어오르더니 참나무에게 바싹 다가갔어요.

머루골 두더지왕초 미도는 바위 뒤쪽에 뚫린 조그만 구멍에 귀를 대고 있었어요.

"참나무님, 주무시나요?"

으름나무가 참나무를 흔들었어요. 참나무는 깜짝

놀라

"이렇게 늦은 밤에 누가 나를 찾아 왔지."

"참나무님 놀라지 마세요. 으름 다래 머루나무에요."

"긴 겨울밤이 너무 지루하실까 봐 술을 가지고 왔어요. 이렇게 추운 겨울밤에는 술이 참나무님 몸을 따뜻하게 해 줄 것 같아서요."

으름나무가 그 둘의 말을 마무리라도 하듯 능청을 떨며 참나무에게 가지고 온 술을 주었어요.

"이녀석들이 웬일로 이 밤에 나를 찾아왔지. 나무 같지도 않은 꼭 뱀처럼 생긴 것들이 사람들한테는 늘 사랑을 듬뿍 받고 있단 말이야. 나도 열매를 가지고는 있지만 겨울밤에 쥐밤이 다 떨어지면 다람쥐나 먹을까 아무도 거들떠보지를 않는데 저놈들이 만든 열매는 사람들이 허리가 부러지면서까지 따 먹으려고 하거든. 그리고 저것들보다도 훨씬 잘생긴 나무들도 지난겨울 이 숲을 간벌할 때 다 베이고 말았는데 저놈들은 상처 하나 입지 않고 살아 난 것들이잖아. 참 사람들의 마음은 알

수가 없어. 색깔 있는 방울만 보면 아이들처럼 좋아하니 말이야."

참나무는 하던 생각을 멈추고 그들을 반갑게 맞이하는 척했어요.

"이게 누군가. 어서들 오시게 아름답고 달콤한 그대들의 열매만큼이나 마음씨도 눈처럼 포근하군!"

"늦은 밤인데도 이렇게 따뜻하게 맞아 주시니 감사합니다."

"자네들의 그 달달한 열매로 빚은 술은 또한 거친 사람들의 마음까지 따뜻하게 만들어, 이 매서운 계절 딸랑딸랑 울리는 저 사랑의 종 아래에 놓인 자선냄비를 꽉꽉 채우게 만드니 그대들이야말로 이 숲 속의 천사가 아니고 누구겠는가!"

참나무는 졸음에 무거운 눈꺼풀을 억지로 치켜 올리며 그들을 칭찬했어요.

"참나무님 이런 말씀을 드리면 마음이 어떠실지 모르지만 우리에게도 단물을 내려 주세요."

"단물이라니? 저 세 갈래 소나무한테서 그동안 많이 얻어먹었을 텐데."

"오랫동안 소나무가 주는 물을 마셨지만 달기는 커녕 쓰고 끈적거려 속병까지 걸렸어요."

"속병까지 걸렸다니 그게 참말인가?"

"정말이에요. 이젠 참나무님이 해님 가까이서 맛난 음식을 많이 드신다고 하니 그 깨끗한 몸에서 나오는 단물을 먹고 싶어요. 물론 저희들도 달콤한 술을 만들어 드리겠어요."

머루나무는 소나무가 베푼 그 많은 옛 일들을 까맣게 잊은 듯 참나무에게 착 달라붙어 말했어요.

다래나무도 기회를 놓칠세라

"참나무님, 신경통엔 다래주만큼 좋은 약은 없습니다."

"정말 다래주가 신경통에 그렇게 좋은가?"

"그럼요, 하늘 높이 올라가시느라 허리도 많이 아프실 텐데 다래주를 드시면 말끔히 나으시고 긴 겨울밤 서서도 편히 주무실 수 있습니다. 그러니 단물을 흘려주세요."

이들 말을 몰래 엿듣던 머루골 두더지 미도는 너무 기가 막혀 온 땅 속이 지진으로 무너져 내리기라도 한 듯이 앞이 더욱 캄캄해지는 것 같았어요.

미도는 강물 속이라도 뛰어들고 싶었어요. 울분으로 화가 치밀어 몸이 더워졌기 때문이었어요.

참나무는 한참 무언가를 골똘히 생각을 하더니 심각한 표정을 짓는 척하면서 그들에게 말했어요.

"암 주고말고. 소나무가 준 단물보다 아마 열 배는 더 달콤할 거야."

"참말로 참나무님은 자비로운 분이세요."

"그런데 아직은 아니야."

"그럼 언제부터 먹을 수가 있죠?"

"저놈은 아직도 저 큰 세 가지를 온 하늘에 펼치고 내가 잠든 이 겨울에도 해님이 주는 맛난 음식을 저 혼자만 저렇게 독식하고 있어."

"하지만 봄부터 가을까지 소나무는 거의 굶고 있었잖아요."

"그건 그렇지만 아무리 울창한 몸으로 내가 여름 하늘을 다 덮는다 하더라도 이렇게 겨울에는 옷을 벗고 자야만 하거든. 그런데 저놈은 저렇게 늘 푸른 몸을 가지고 있으니 이 매서운 겨울에도 자꾸만 하늘로 올라가잖아."

으름나무가 침을 꿀꺽 삼키며 물었어요.

"그럼 언제부터 단물을 주실 수 있나요?"

"저 세 갈래 소나무가 죽으면 내 몸에서 단물이 콸콸 쏟아져 나올 거야."

"소나무가 죽으면요!"

"그런데 저놈 죽이기가 그렇게 쉽지가 않아 앞으로도 저놈은 쓴물을 토하면서 20년은 더 살 걸."

"20년을 더 살 수 있다고요!"

"저 모가지와 푸른 손을 꺾지 않으면 말이지."

"모가지와 푸른 손을!"

"어쨌든 저놈은 언젠가 죽기는 하겠지만 워낙 명이 질긴 놈이라서 그 단물을 기다리다간 너희들이 먼저 죽을지도 몰라."

하고 말을 끝내면서 참나무는 흘끔 그들을 훔쳐보았어요.

그리고 무언가를 심각하게 고민하고는 말을 계속했어요.

"너희들은 원숭이처럼 나무도 잘 타고 뱀처럼

똬리도 틀고 나무들 목도 잘 조이잖아."

"그런데요?"

"내가 그런 재주만 있었다면 벌써 저놈을 죽이고 비싼 값에 개미나 굼벵이 그리고 하늘소에게 저놈을 팔아 넘길 수가 있었는데 말이야."

말이 끝나자마자 머루나무가 흥분하며

"그럼 우리가 저 소나무를 죽이면 참나무님은 단물도 주시고 소나무도 우리에게 주신다는 말씀인가요?"

하고 물었어요.

"물론이지."

믿기 어렵다는 듯이 다래나무가 또 물었어요.

"단물도 주시고 저 세 갈래 소나무 몽땅 주시는 거 맞죠?"

"하늘에 맹세코 소나무를 죽이면 둘 다 주겠다. 못 믿겠다면 계약서를 써 주지."

"계약서를 써 주신다고요?"

"하지만 저놈을 빨리 죽이지 못하면 단물 한 모금도 마실 수 없을 게다."

"한 모금도!"

"이 숲은 나말고도 다른 나무들이 하늘을 빼곡히 가리고 있으니."

"참나무님 제발 저희 목숨을 살려 주세요."

"너희들 스스로가 이젠 해님의 음식을 받아먹으며 살아갈 수 없으니 이른 봄부터 서둘러야 될 게다."

그들은 바위 뒤쪽으로 가 잠시 의견을 서로 주고받은 뒤에 참나무에게로 다시 왔어요.

"좋아요. 오늘밤 여기서 계약서를 쓰지요."

참나무와 으름 머루 다래나무들은 그렇게 계약서에 모두 서명을 하고 다시 땅 속으로 돌아갔어요.

● 지하비밀회의

두더지 미도는 그들의 잔악한 음모를 듣고 온몸이 후들후들 떨렸어요.

두더지는 태초부터 땅 속에서만 살아야 되고, 바깥 세상에는 절대 나가지 않겠다는 맹세로서 하나님으로부터 생명을 부여받았던 것이었어요.

그 약속을 어길 수도 없을 뿐만 아니라, 두더지는 해님을 보면 눈이 멀고 땅 속으로 다시 돌아갈 수가 없었어요.

두더지왕초 미도는 장고개 머루골 집으로 돌아가 위험에 처한 세 갈래 소나무만 생각하며, 그가 도울 수 있는 일이 어떤 것이 있을까 하고 곰곰이 머리를 짜내고 있었어요.

꽃뱀처럼 생긴 으름나무가 소나무를 사정없이 타고 올라가 목을 조이고, 다래나무와 머루나무가 빠알갛고 노란 방울을 흔들며, 그 마녀 같은 손으로 소나무

손을 꺾을 것을 생각하니 너무 끔찍했어요.

그래서 두더지 미도는 친구들을 모아놓고 그들과 의견을 나누며 도움을 청해야겠다고 생각했어요.

그래서 미도는 친구들에게 편지를 썼어요.

"어머니 살처럼 그렇게도 보드랍던 대지가 어느새 꽁꽁 얼어붙어 녹을 줄 모르는 이 야속한 계절에 마리골, 어둔골, 멱시에 살고 있는 친구들 모두 즐거운 성탄절을 맞이하길 바라며 새해에도 건강하길 비네. 다름이 아니라 이곳 머루골에 수만 마리 불개미와 살이 통통이 오른 굼벵이, 그리고 생각만 해도 군침이 도는 겨울의 별미 하늘소가 내년 봄부터 큰집을 짓고서 함께 살아갈거라는 아주 정확한 정보를 내가 들었네. 자세한 내용은 만나서 나누기로 하고 12월 30일 저녁 8시까지 여기 머루골로 모여주기 바라네."

두더지 우체부는 늦은 밤 편지를 들고 땅굴 은밀한 길을 따라 마리골, 어둔골, 멱시를 향해 떠났어요.

소나무가 덮고 잔 눈은 이른 아침부터 해님이 보내

준 열로 한 방울씩 녹아 내리고 있었어요. 소나무가 잠에서 깨어나자 참나무는 지난밤에 아무 일도 없었다는 듯이,

"소나무야 너는 참 좋겠다. 겨울밤에도 푸른 손이 있어 눈을 포근히 덮고 지낼 수 있으니 말이다. 나는 이렇게 앙상한 가지만 남아 있어 너무 춥단다. 그리고 손이 없으니 겨우내 해님이 주는 음식도 못 먹고 정말 네가 부럽구나."

"부럽다고? 지난밤엔 눈이 너무 많이 내려 내 한쪽 팔이 또 부러지는 줄만 알았어. 옛날에 그렇게 알맞게 내리던 눈이 요즘엔 내렸다 하면 폭설이거든."

키다리소나무가 참나무를 올려다보며 말했어요.

뚱보가지는 좀 못마땅하다는 표정을 지으며

"손이 있으면 뭐하니. 너희 팔들이 우리 손을 꼼짝도 못하게 하고 있잖아."

"도대체 이 겨울에 우리들의 이 앙상한 손으로 무얼 하고 있다는 거야?"

"겨울에도 맛난 음식은커녕 폭설이 내리면 너희들 그 못생긴 팔이 우리 손을 꼭 붙들고 있어 밤

새도록 눈을 무겁게 들고 있다가 견디다 못해 팔만 뚝뚝 부러지고 있다고."

"이봐요. 각선미도 모르는 참나무아저씨."

"이젠 아주 쌀쌀맞게 말하시는군."

하고 참나무가 말했어요

"그렇게 하늘 높이 올라가 이 숲을 다 망가뜨릴 작정인가?"

"누가 무엇을 망가뜨린다고 예쁜 아가씨?"

"요즘엔 못생긴 너희들 때문에 길 잃은 사람들이나 어쩌다 이 머루골에 들어올까 찾아오는 사람이 없다고."

참나무는 소나무의 이야기는 들은 척도 하지 않고 지난밤 그들과 은밀하게 꾸민 음모를 떠올리며 소나무가 곧 죽을 것을 생각하니 통쾌하고 가슴이 뛰었어요.

그리고 소나무가 죽으면 몸매도 좀 멋지게 만들어야겠다고 생각하며, 으름나무 머루나무 그리고 다래나무가 땅 속에서 하루빨리 올라오기만을 기다렸어요.

해님은 겨울이 오고 나서야 세 갈래 소나무를 볼 수가 있었어요.

소나무는 예전의 건강한 모습이 아니었어요.

몸은 거칠고 손은 뼈마디가 보이고 살색은 빛을 잃어 창백했어요.

그 손으로 해님이 주는 음식을 간신히 받아먹고 있었어요.

그 야윈 모습을 본 해님은 참 속상했어요. 그래서 해님은 아침 일찍부터 소나무 위에 무겁게 쌓인 눈을 따스한 빛으로 녹이고는 맛난 음식을 주었어요

매서운 겨울이었지만 소나무는 해님의 정성스런 보살핌으로 건강을 많이 회복해가고 있었어요. 그러나 참나무는 겨울에도 해님의 사랑을 독차지하고 있는 소나무가 더욱 미웠어요.

한편 머루골 두더지 미도가 보낸 편지를 받은 어둔골, 마리골, 먹시 두더지왕초들은 그 먹음직스러운 불개미랑 굼벵이 그리고 하늘소에 대한 이야기를 듣고서 망년회 겸 머루골에서 만날 날만 기다리고 있었어요.

12월 30일 저녁이 되자 두더지왕초들은 비밀 땅속 길을 이용하여 머루골로 모였어요.

"한해를 보내는 이 뜻깊은 날에 각 마을 두더지 왕초 동지들을 만나 이렇게 즐거운 시간을 갖게 되어 너무 기쁘군. 그런데 지난 여름 폭우로 끊어진 땅굴복구는 잘했는지 참 궁금하다네."

장고개길 상류에 살고 있는 머루골 두더지 미도가 인사말을 끝내자 멱시 두더지왕초 구드가 말했어요.

"추석 전날 큰 비가 내렸지. 연휴동안 조상 묘에 다녀오지도 못하고 겨우 길을 뚫어놓고 포크레인을 불러 총 6일간 나머지 복구 작업을 했는데."

"6일씩이나? 그런데 면에서는 수해복구비를 준다고 하던가?"

"송악면 두더지재해대책반 담당자가 하는 말이 면사무소 허락 없이 직접 포크레인을 불러 썼다고 3일치만 주겠다고 하더군."

"그래도 3일치면 어딘가 안 준다고 하는 것보다는 낫지."

"골재 값은 말도 꺼내지 말라고 하더군."

"그럼 골재 값은 못 준다고 하던가?"

"어림도 없대. 어쨌든 아무것도 먹지 않고 굼벵이를 일 년 동안 잡아다 팔아도 그 빚을 다 갚을 수가 없을 것 같아. 그런데 그 통통한 굼벵이가 어디로 모인다고 했지?"

"아 그 이야기는 조금 뒤에 나누기로 하세."

"어둔골에도 지난 여름 큰 비가 내렸지. 그렇게 강한 빗줄기가 땅에 쏟아 붓는 걸 한 번도 본 적이 없어."

"어둔골에도 말인가?"

"큰 바위가 쿵쿵거리며 계곡을 휩쓸고 가는데 멧돼지 수십 마리가 마을 감자밭을 습격할 때 들리던 그 요란한 소리 같더군."

"큰 바위까지 떠내려 왔다고!"

"그렇다네. 추석날 저녁에 아무 일도 없었다는 듯이 둥근 달은 발갛게 떠올랐지만 우리 마을은 구석구석이 참 어두웠지. 그래도 우리가족은 그 뿌리 깊은 소나무 덕에 살았다네. 그 단단한 소나무뿌리를 붙들고 그 악몽을 견뎠지."

하고 어둔골 두더지왕초 뤄드가 말을 끝내자 마리골

두더지왕초 소토는 그 폭우로 인해 잃은 어린 딸이 생각이 나 두 눈엔 금세 눈물이 글썽거렸어요.

"여보게, 친구들 지난여름 폭우 이야기는 제발 여기서 그만둘 수 없나? 그 몹쓸 비에 잃은 가여운 어린 딸아이가 보고 싶어 미칠 지경이네."

"아 참 미안하네. 자네에게 그런 일이 있었다니."

"내가 그 녀석을 위해 불개미를 잡으러 나간 사이에 변을 당했다네."

마리골 두더지왕초 소토의 슬픈 이야기를 듣고 머루골 미도는 괜히 지난여름 폭우 이야기를 했구나 하고 후회하며 소토에게 미안한 생각이 들었어요.

그래서 얼른 말을 돌렸어요

"어둔골 친구가 소나무덕에 큰 물난리 속에서 살아 남을 수 있었다고 방금전에 말을 했는데 그 소나무가 죽어가고 있다면 우리는 그를 위해 무엇을 해야 할까?"

어둔골 두더지왕초 뤄드는 너무 궁금하다는 듯이

"머루골에 몸이 위독한 소나무라도 있단 말인가?"

"저 세 갈래 소나무 말이야."

"세 갈래 소나무가?"

"해님이 가까이 다가오는 봄이 오면 겨울밤 땅 속에서 꿈틀거리던 음모가 저 세 갈래 소나무를 타고 올라갈 걸세."

"음모라고? 그런데 누가 저 소나무를 타고 올라간단 말인가? 그게 뱀인가 아니면 개미인가."

마리골 두더지 소토는 침을 꿀꺽 삼키며 머루골 두더지 미도에게 바싹 다가갔어요.

"뱀도 개미도 아닌 머루 다래 으름나무라네."

"머루 다래 으름나무가!"

"여름이 오기 전에 소나무를 죽일 걸세. 참나무 꼬임에 넘어갔지 뭐야."

"그놈들이 무슨 이유로 저 세 갈래 소나무를 죽인단 말인가?"

"참나무가 그놈들에게 말하더군. 단물을 얻어먹으려면 소나무를 죽이라고 말이야."

"뭐라고! 그놈들은 가뭄에도 소나무가 주는 단물을 빨아먹고 가을엔 달콤한 열매를 만들어 사람들의 사랑을 독차지한 놈들이 아닌가?"

라고 말을 하며 먹시 두더지왕초 구드가 못 믿겠다는 표정으로 머루골 왕초 미도를 쳐다보았어요.

머루골 미도는 그가 몰래 엿들었던 그 음모를 그들에게 낱낱이 들려주었어요.

머루골 두더지 미도로부터 그 이야기를 듣고 난 두더지들은 세 갈래 소나무를 위해 무슨 일이든 해야겠다고 결심을 하면서도 앞이 캄캄했어요.

그것은 바깥 세상에 나가 그들과 싸울 수도 없을 뿐만 아니라 땅 속에서 그들이 할 수 있는 일이 무엇인지 잘 떠오르지가 않았기 때문이었어요.

밤 늦도록 두더지왕초들은 말없이 골똘히 생각만 하고 있었어요.

생각이 풍부한 마리골 두더지 소토가 입을 열었어요.

"곰곰이 생각을 해 봤는데 말이야. 우리가 할 수 있는 일은 땅 속에서 땅굴을 뚫는 일과 날카로운 이빨로 물어뜯는 것인데 좋은 생각이 났네."

"그래 그 생각이 무언지 빨리 말해 봐. 잊어버리기 전에 말이야."

두더지들은 마리골 소토에게 바싹 다가갔어요.

"먼저 으름 머루 다래나무가 땅 속에서 나와 소나무에 기어오르면 우린 그 뿌리를 끊어 물 공급을 끊는 거야."

"뿌리를 끊어내자고!"

"그런데 한번에 그 뿌리를 다 끊을 수가 없을 거야. 그놈들의 뿌리는 뱀이 서로 뒤엉킨 것처럼 워낙 많아서 말이야."

"그럼 어떻게 끊어내지?"

"하나하나 찾아내어 다 끊어버리자고 모두 끊어내지 않으면 그놈들은 절대로 죽지 않아."

"그 뿌리만 끊어내면 끝인가?"

"아니지 우리가 그 뿌리를 끊어내는 동안 개미와 굼벵이 그리고 하늘소가 소나무를 뚫고 들어가 고통을 줄 거야."

"개미 굼벵이 그리고 하늘소가 소나무를 뚫고 들어간다고?"

"틀림없어. 그 수만 마리의 개미와 굼벵이 그리고 하늘소를 죽이지 않으면 그놈들의 뿌리를 다 끊어도 소나무는 죽게 될 거야."

"그런데 그 수만 마리 개미와 굼벵이 그리고 하늘소들을 어떻게 한 번에 죽일 수 있단 말인가?"

하고 어둔골 뤄드가 아주 답답하다는 표정을 지으며 말했어요.

이때 먹시 두더지왕초 구드가 두 무릎을 탁 치며 벌떡 일어났어요.

"좋은 생각이 떠올랐어."

"그게 뭔데?"

"큰 서커스공연장을 만들어 그들을 그곳으로 유인해

한 번에 쓸어버리는 거야."

"무엇으로 그들을 쓸어낸단 말인가? 좋은 빗자루라도 가지고 있는가?"

하고 물으며 깔깔대고 웃는 것이었어요.

"물로."

"뭐 물이라고 말했나?"

"힘들고 어려운 일이지만 여름에 장고개 머루골의 큰 물살을 이용하자는 말일세."

"그런데 어떻게 물을 나르지?"

"땅굴로."

"땅굴을 뚫자고!"

"그래 그곳까지 땅굴을 뚫어 공연장으로 물이 쏟아져 내리게 해 그들을 저 먼 바다로 아주 보내자는 말일세."

역시 두더지왕초 구드의 계획은 서커스공연장에 개미와 굼벵이 그리고 하늘소들을 모두 초대해 혼을 다 빼놓고는 큰물로 한 번에 공격하자는 것이었어요.

구체적으로 말하자면 가파른 산비탈을 따라 물이 많이 고인 머루골 상류까지 땅굴을 뚫어 막아 놓은 큰 물살을 이용해 공연장을 쑥대밭으로 만들어 그들을 한번에 처치하자는 것이었어요.

"개미나 굼벵이 그리고 하늘소 또한 으름 다래 머루나무와 음모를 해 저 소나무의 살을 뜯어먹는다면 절대로 용서할 수 없지."

머루골 두더지 미도는 그들의 계략을 생각하면 생각할수록 분노가 치솟았어요.

"그런데 어떻게 저 먼 장고개 머루골 꼭대기 까지 땅굴을 뚫을 수가 있을까? 중간 중간에 큰 바위들도 있을 텐데 말이야."

"그건 문제가 되질 않아. 우린 고도의 기술과 최신 기계도 가지고 있잖아."

"그건 누구나 잘 알고 있는 사실이지."

"문제는 저놈들이 듣지 못하게 아주 은밀하게 일을 해야만 한다는 것이야."

멱시 두더지 구드는 자신이 있다는 듯이 그 세밀한 계획을 그들에게 들려 주었어요.

그리고 그들은 설 연휴를 보내고 바로 보름 전날 다시 만나기로 하고 지하비밀땅굴을 통하여 각 마을로 돌아갔어요.

● 미도와 로만

머루골 두더지 미도는 으름 머루 다래나무들이 또 무슨 음모를 꾸미고 있는지 몹시 궁금했어요. 그래서 살금살금 기어 그들이 모여 있는 곳으로 갔어요.

그리고 고래처럼 생긴 느티나무 큰 뿌리 뒤에 숨었어요.

그런데 그들만 있는 게 아니었어요.

개미왕초 도니와 굼벵이왕초 라보 그리고 하늘소 대장 자멜이 술을 한 잔씩 서로 주고받으며 낮은 목소리로 말을 하고 있었어요.

"저 세 갈래 소나무로 너희들이 이사를 한다면 앞으로 적어도 30년은 영양가 높은 음식을 배부르게 먹을 수 있을 뿐만 아니라 그 무시무시한 두더지의 공격을 막을 수가 있지."

으름나무의 솔깃한 설명을 한참 듣고 난 개미 도니는 그동안 쓰러져 죽은 고목에 집을 짓고 살면서 두더지의 공격으로 여름내 모아둔 음식을 모두 약탈당하고 가족들이 두더지들에게 처참히 잡혀가던 일들이 생각이 났어요.

그래서 개미에겐 너무 반가운 제안이었어요.

굼벵이 라보는 훨씬 더 반기는 기색이었어요.

왜냐하면 두더지의 별미가 굼벵이였으니까요.

그들은 소나무가 죽든 살든 그 딱한 처지는 생각도 하지 않고 자기들 살 궁리만 했어요.

밖에는 눈이 펄펄 내려 푹푹 쌓이고 있었기에 땅속에 숨어서 지금 엿듣고 있는 두더지 미도 말고는 아무도 그들 이야기를 들을 수가 없었어요.

"그런데 저 세갈래 소나무를 어떻게 우리가 나누지?"

하고 굼벵이 라보가 말하자 개미왕초 도니가 바로 제안을 했어요.

"주사위를 던져 큰 숫자가 나오면 먼저 선택할 권리를 갖는 게 어때?"

다들 그게 좋겠다고 말하고는 주사위를 던졌어요.

그런데 가장 느린 굼벵이 라보가 먼저 선택할 기회

가 주어졌어요.

그리고 하늘소 자멜, 마지막이 개미 도니였어요.

"나는 저 허리가 예쁜 놈을 가질래."

"나는 키다리를 가질래."

"그럼 뚱보가 내 것이군."

개미 굼벵이 그리고 하늘소는 아주 만족스럽다는 듯이 하얀 이빨을 보이며 깔깔대고 웃고는 그들에게 계약금을 지불하고 모두 계약서에 서명을 하였어요.

그들의 대화를 엿듣던 머루골 두더지 미도는 당장 뛰어나가 그들을 죽이고 싶었지만 더 큰일을 위해 꾹 참고 있었어요.

어느덧 사나운 폭풍이 몰고 온 길고 찬 겨울이 가고 깊이 잠들었던 숲 속 골짝마다 아기 솜털 같은 버들개지가 소곤소곤 피어났어요.

시냇가엔 아기 가재가 눈을 뜨고 종달새가 남풍을 밀며 새 봄이 오고 있었어요.

눈꽃 핀 하얀 밭에는 서릿발이 고꾸라지고 사람들도 종종걸음으로 산비탈 보리밭 보리새순을 달래고 있었어요.

각 마을 두더지왕초들은 보름 전날 머루골에서 다시 만나 치밀한 계획을 짜고 그 계획대로 움직이고 있었어요.

먼저 두더지들은 다람쥐들을 초대해 큰 연회를 베풀면서 다람쥐들의 마음을 아주 즐겁게 만들었어요.

그러나 숲 속의 그 음모에 대한 이야기는 하지 않았어요.

다람쥐들은 변덕이 많아 비밀을 지킬 수가 없을 거라고 생각했기 때문이었어요.

다람쥐들이 맛난 음식을 푸지게 먹고 아주 기분이 좋아져 있을 때 머루골 두더지 미도가 혼잣말처럼 중얼거렸어요.

"이 아름다운 계곡에 큰 공연장이 있으면 얼마나 좋을까!

"산새들 아름다운 노래위에
다람쥐가 외줄을 타면
온 산이 일어나 어깨춤을 추고
나무들도 신이나 환호성을 치리!
오, 시냇물도

그 외줄 아래서 멈추리! ”

“공연장! 어떻게 그런 생각을 했지?”

“자네들의 재주가 너무 아까워서 한 번 생각해 본 거야.”

“정말 그런 공연장이 우리 마을에 하나 있다면 얼마나 좋을까. 많은 관객들 앞에서 마음껏 재주도 부리고 말이야.”

“우리 두더지가 바깥 세상에 나갈 수만 있다면 지금 당장이라도 그 멋진 공연장을 저 아름다운 폭포산장 아래에 지을 수가 있을 텐데 말이야. 땅 속에서만 살아야 할 운명이니 원.”

“폭포산장 아래에?”

“모든 동물들과 곤충들이 모이기가 가장 좋은 곳이거든.”

“하지만 그렇게 가파른 계곡에 어떻게 공연장을 만든단 말이야?”

“외줄 타기는 스릴이 있어야 되잖아. 특히 자네들의 특별한 재주를 만끽 발휘하기에는 그곳이 최고지. 아마 모든 동물들과 곤충들은 혼쭐이 나가 숨도 제대로 못 쉴 걸.”

그 말을 들은 왕초다람쥐 로만은 정말로 그런 멋진 무대에서 재주를 마음껏 부려 동물들과 곤충들로부터 큰 환호와 박수를 받는 것을 상상해 보았어요.

그것은 신비로운 세상을 여행하는 황홀한 꿈같은 것일 거라고 생각을 했어요.

다시 정신을 차린 다람쥐 로만은 좋은 꾀가 바로 돌았어요.

"누군가가 저 참나무 아래 큰 바위 아래 땅 속에 안전한 도토리저장창고를 만들어 준다면 내가 그 계곡에 멋진 공연장을 만들어 줄 텐데."

"도토리저장창고?"

"밤과 도토리를 신선하게 보관 할 수 있는 그런 자동화 된 창고 말이야."

"그런 거라면 우리가 얼마든지 만들 수가 있지. 그리고 창고엔 그 어떤 도둑도 들어오지 못하게 겨우내 지켜줄 테니 그곳에 여름이 오기 전에 멋진 공연장을 하나 만들어 보라고."

"좋아, 그런 조건이라면 틀림없이 여름이 오기 전에 만들고말고."

다람쥐는 별빛이 소금처럼 쏟아지는 한여름밤에 그

멋진 무대에서 관객들의 마음을 사로잡고 그들로부터 큰 갈채와 환호성을 받을 생각을 하니 하늘을 나는 것처럼 기뻤어요.

다람쥐는 바로 두더지들과 계약서를 쓰고 서명을 하였어요.

그리고 머루골 다람쥐왕초 로만은 연회에 참석하지 못한 많은 다른 다람쥐들에게도 그 기쁜 소식을 알렸어요.

● 불개미의 꿈

한편 개미는 늘 두더지의 습격을 받으며 살아왔기에 그 썩은 떼죽나무 고목을 떠나 새집인 뚱보소나무로 이사를 간다고 생각하니 너무 기뻐 밤에도 잠이 잘 오질 않았어요.

그리고 건강한 참나무가 주는 단물을 오래도록 마실 수 있기에 참나무와의 계약은 참 잘한 것이라고 스스로를 칭찬하고 있었어요.

개미왕초 도니는 이삿짐을 정리하며 틈틈이 새집에 대한 설계를 하고 있었어요.

도니는 아주 편리하고 멋진 기능적인 집을 짓고 싶었어요.

음식저장실은 두더지의 습격을 막기 위해 뚱보소나무 목 부분에 만들기로 했어요.

또한 초고속엘리베이터를 이용하여 음식을 쉽게 운반할 수 있도록 설계를 했어요.

어느 날 굼벵이왕초 라보와 하늘소왕초 자멜이 개미 도니 집에 놀러왔어요.

그리고 도니가 만든 설계도를 보고는 도니에게 말했어요.

"개미들의 머리는 누구도 따라갈 수가 없단 말이야. 우리 굼벵이는 한 곳에서 일은 묵묵히 잘하지만 너무 느려서 그 키다리 고층 아파트를 어떻게 오르고 내리나 걱정을 했는데 제발 우리 집도 그 시설을 좀 해 주게, 돈은 넉넉히 줄 테니 말이야."

"걱정 말게 키다리 머리까지 올라갈 수 있는 냉난방 시설을 잘 갖춘 초고속엘리베이터를 설치해 주지."

"땅 속에 있는 두더지들만 불쌍하게 됐군. 쥐구멍에도 볕 뜰 날이 있다고 했는데 볕이 들어오기는커녕 캄캄한 땅 속에서 굶주리며 뱀처럼 생긴 그 으름나무 뿌리나 붙들고 통곡을 해야 될 운명이니 말이야."

하늘소 자멜은 두더지의 처량한 모습을 생각하니

고소하고 웃음이 저절로 나왔어요.

"화재나 비상시에 이용할 수 있는 비상계단도 필요하고 말이야. 기왕 만드는김에 저 목동에 있는 세 갈래로 하늘 높이 뻗은 건물처럼 지하주차장도 만들고 훌륭한 백화점도 만들자고. 어쨌든 설계가 끝나면 다시 상의하세."

굼벵이 라보와 하늘소 자멜은 세상을 한손에 쥔 영웅이 된 기분이었어요.

무엇보다도 천재인 개미 도니가 이 모든 일들을 한다고 생각하니 마음이 놓였어요.

어느덧 매화가 피는가 싶더니 곧 목련이 화알짝 피고 곧 날개 찢긴 하얀 나비처럼 목련이 지고 나니 세상은 초록빛 바다인양 봄바람이 산자락 잎사귀를 헤적일 때마다 금너덜은 녹색물결로 출렁이고 있었어요.

드디어 으름나무 다래나무 머루나무가 땅 속에서 꿈틀거리더니 세 갈래 소나무가 있는 곳으로 올라오는 것이었어요.

먼저 으름나무가 꽃뱀처럼 생긴 긴 몸뚱이로 세 갈

래 소나무에 나누어 올라타자 다래나무 머루나무도 그 뒤를 따라 올라갔어요.

두더지들은 그들이 땅 속에서 밖으로 나가자마자 그 뿌리들을 끊기 시작했어요.

하지만 으름 다래 머루나무는 그 뿌리들이 워낙 많아 두더지들이 끊어내도 그것을 잘 느낄 수가 없었어요.

그리고 마지막 뿌리는 그들이 눈치 못 채게 살려 두었다가 결정적인 순간에 끊어버릴 계획이었어요.

나머지 두더지들은 땅굴수로를 뚫고 그리고 다람쥐들을 위해 참나무가 있는 큰 바위 아래 땅 속에다가 큰 도토리저장실을 짓고 있었어요.

그렇게 수백 마리 두더지들은 서로 일을 분담하여 쉼 없이 작업을 하고 있었어요.

두더지들이 가지고 있는 많은 최신식 기계들도 모두 머루골로 들어왔어요.

머루골에 임시 회의실을 만들어 놓고 머루골 어둔골 마리골 멱시 두더지왕초들은 하루에 한 번씩 모여 회의를 하였어요.

그 왕초들이 맡은 분야는 이러했어요.

머루골 두더지왕초 미도는 땅굴수로 뚫는 감독관이고요.

어둔골 두더지왕초 뤼드는 뿌리를 찾아내어 끊어내는 감독관이고요.

마리골 두더지왕초 소토는 다람쥐들이 건설하는 공연장을 위한 지하수송지원감독관이었고요.

멱시 두더지왕초 구드는 다람쥐를 위한 도토리저장창고 건설 감독관이었어요.

그날도 그들은 하루 일을 마무리하고 머루골 회의실로 모였어요.

"현재 땅굴수로는 약 70% 정도가 완성이 되었어. 그런데 나머지 남은 구간은 암반을 뚫어야 되기에 아주 힘들 거야."

"암반이라고!"

"하지만 전 대원이 총력을 다하고 있으니까 곧 뚫릴 거야."

"으름나무 머루나무 다래나무 뿌리들은 겨울잠을 자고 있는 뱀들처럼 서로 뒤엉켜 있어. 그놈들을 잘라내기가 여간 힘든 게 아니야."

"뱀처럼 뒤엉켜 있다고!"

"하지만 날카로운 우리 이빨에 한 가닥씩 끊어지고 있지."

"계곡에 건설하는 공연장은 날쌘 다람쥐들이 아주 높고 튼튼하게 짓고 있다네. 우리 마리골 대원들은 그 은밀한 지하통로로 그들에게 자재를 운반해 주고 있는데 이미 무대가 완성이 되었고 곧 외줄을 걸 거야. 무대는 강한 물살이 땅굴에서 쏟아져 내려도 끄떡없이 버틸 수 있도록 만들어 놓았다네."

마지막으로 역시 두더지왕초 구드가 말했어요.

"다람쥐들을 위한 도토리저장창고는 거의 완성이 되었어. 지금은 환기장치와 저온장치를 설치하는 중이라네. 그들이 계곡에 외줄을 설치하는 동안 우리도 끝낼 수 있을 거야."

두더지들은 그렇게 하루빨리 그들을 처치하고 소나무를 살려야겠다는 그 생각 뿐이었어요.

● 다람쥐들의 합창

그러는 동안 으름 머루 다래나무들이 소나무 목까지 타고 올라갔어요.

다른 많은 나무들도 마치 초등학교 1학년 아이들처럼 푸른 손을 하늘에 빼곡히 올리고 해님이 주는 음식을 서로 받아먹으려고 아우성이었어요.

이른 봄부터 세 갈래 소나무는 그들의 손 그늘에 가려져 해님이 주는 음식을 잘 받아먹을 수가 없었어요. 그렇게 세 갈래 소나무는 이젠 너무 배가 고파 쓰러질 지경이었어요.

으름 머루 다래나무들이 그의 몸을 칭칭 감아가며 올라오자 소나무가 힘없이 말했어요.

"너희들이 어떻게 여기까지 올라왔지?"

"그동안 소나무님이 주시는 단물을 먹고 살아왔는데 요즘엔 아주 고약한 쓴물만 주셔서 어디 몸이라도 편찮으신 건 아닌지 궁금해서 올라왔어요."

"고맙구나. 너희들도 지금 보다시피 우린 해님이 주는 음식을 다른 나무들한테 다 빼앗기고 거의 굶고 있단다. 미안하구나. 쓴물만 주어서."

으름나무는 소나무의 목을 안아주는 척하면서 뱀처럼 생긴 긴 몸뚱이로 돌돌 감기 시작했어요. 그리고 다래 머루나무는 새순이 올라오는 곳으로 가까이 갔어요.

소나무는 으름나무가 목을 칭칭 감고 있었지만 너무 반가워서 그러는 줄 알았어요.

개미와 굼벵이 그리고 하늘소는 으름나무가 소나무의 목을 칭칭 감고 있다는 소식을 듣고는 때가 왔다는 듯이 수만 마리가 떼를 지어 소나무쪽으로 이동하기 시작했어요.

그것을 지켜본 참나무는 해님이 주는 맛있는 봄 음식을 튼튼한 손으로 가로채어 받아먹으며 소나무가 빨리 죽기만을 기다리고 있었어요.

소나무는 으름나무가 목을 자꾸만 조이고 있다는 것을 알았어요.

"으름아, 목을 좀 풀어줄 수 없겠니? 너무 아프고 숨도 제대로 쉴 수가 없구나."

"아래를 내려다보니 자꾸만 현기증이 나서요. 그래서 소나무님 목을 꼭 잡고 있는 것 뿐이에요."

으름나무는 무섭다고 능청을 떨며 점점 세게 소나무의 목을 조이고 있었어요.

어느새 강당골에도 여름이 가까이 오고 있었어요.

이젠 숲 속에 내리는 빗줄기도 제법 굵어지고 시냇물은 버들치가 물장구를 치듯 큰 소리를 내며 빠르게 흐르고 있었어요.

드디어 개미들과 굼벵이 그리고 하늘소가 소나무가 있는 곳 까지 왔어요.

그들은 장마가 오기 전에 새집을 지어야겠다고 마음을 먹고 있었어요.

바로 개미와 굼벵이 그리고 하늘소는 두꺼운 소나무 껍질에 올라타고는 구멍을 뚫기 시작했어요. 소나무는 너무 고통스러웠어요.

하지만 그들은 소나무가 울부짖는 소리에도 아랑곳하지 않고 그 날카로운 이빨로 살점을 뜯어 먹으며 집을 짓기 시작했어요.

소나무는 악몽을 꾸듯 고통 속에 하루하루를 보내고 있었어요.

많은 나무들이 그를 그늘로 가리고 있었기에 새 들조차도 소나무의 울음소리를 듣지 못했어요.

드디어 다람쥐들이 공연장무대 위 가파른 계곡에 긴 외줄을 거는데 성공했어요.

그들은 큰 환호성을 올리며 다람쥐왕초 로만을 하늘 높이 헹가리를 치고 있었어요.

"브라보! 우리의 멋진 재주를 마음껏 펼칠 수 있는 저 높은 외줄을 보라고, 그리고 무대도 너무 훌륭하잖아!"

"어디 그뿐인가. 좋은 겨울창고까지 생겼으니 정말 최고로 기쁜 날이지!"

"맞아, 별이 빛나는 여름밤 우린 꿈이 아닌 진짜 멋진 밤의 주인공이 되어 저 외줄을 폼 나게 타겠지!"

다람쥐들만 기쁜 게 아니었어요. 두더지들도 이 소식을 듣고는 땅 속에서 바윗돌이 흔들릴 만큼 큰 목소리로 기쁨에 가득 찬 환희의 노래를 부르고 있었어요.

무엇보다도 땅굴수로공사가 거의 끝나가고 있었기에 더욱 기뻤어요.

그래서 다람쥐왕초 로만과 하루빨리 상의하여 공연 날짜를 잡아야겠다고 생각을 했어요.

그렇게 다람쥐들은 하루빨리 공연에 참가하여 큰 인기를 얻고 싶었어요.

드디어 다람쥐들은 무대 바로 아래 계곡 양편에 4층으로 된 관람석을 웅장하게 완성해 놓고는 머루골 두더지왕초 미도를 찾아 갔어요.

"우리가 해야 할 일들은 모두 끝난 것 같네. 무대는 물론 높은 계곡에 튼튼한 외줄을 걸었고, 양쪽 무대 앞 계곡엔 멋진 관람석까지 만들어 놓았다네."

"그래 아주 훌륭한 공연장이야. 우리 두더지들도 자네들 겨울창고를 완성했지. 앞으로는 자네들 음식이 부패하거나 절대로 도둑을 맞지 않을 걸

세."

그들은 서로가 만들어 놓은 것을 보고는 너무 기뻐 얼싸안고 춤을 추었어요.

"그런데 언제 공연을 하지?"

다람쥐왕초 로만은 공연날을 빨리 잡고 싶었어요.

"오늘이 6월 중순이니 6월 30일로 정하는 게 어떨까? 계곡에 물도 많이 불어나 물소리도 참 시원할테니 말이야."

"좋고말고! 6월 30일이라, 그럼 오늘부터 초대장을 만들어 숲 속의 모든 동물들과 곤충들에게 다 보내야 되겠네."

"경품도 아주 푸짐하게 걸어놓고 숲 속 마을 곳곳에 큰 현수막도 걸자고."

다람쥐들은 너무 기뻐 두더지들로부터 받은 초대장을 단숨에 집집마다 돌리고 큰 현수막을 동물들과 곤충들이 많이 모이는 곳에 걸었어요.

특히 개미와 굼벵이 그리고 하늘소가 많이 살고 있는 세 갈래 소나무가 있는 곳에는 특별히 많은 다람쥐들을 파견해, 그들이 좋아하는 맛난 음식을 푸짐하게 경품으로 걸었다는 것을 설명하며, 그들의 마음을 벌써 공연장으로 가 있게 하였어요.

개미와 굼벵이 그리고 하늘소들은 마음이 몹시 들떠 일을 예전처럼 잘하지 않았어요.

그래서 왕초들은 급히 모여 대책을 궁리하고 있었어요.

"서커스공연장을 폭포산장 아래 큰 계곡에 만들었다고 하던데 말이야."

"6월 30일에 동물들과 곤충들이 큰 공연을 한다는 초대장을 받고 우리 굼벵이들은 마음이 들떠 일도 하지 않고 그날만 기다리고 있지 뭐야."

"우리 하늘소도 마찬가지야. 그쪽만 바라보고 있다네. 그런데 개미들은 어떤가?"

"우리도 마찬가지야. 수만 마리 개미들이 창가에 나와 계곡만 쳐다보며 날마다 그 초대장만 닳도록 읽고 있다네."

개미왕초 도니는 이사는 했지만 장마가 오기 전에 급한 일들을 하루빨리 끝내야 하였기에 그들을 다그치며 일을 감독하고 있었어요.

무엇보다도 소나무가 아직 살아 있어 생살을 뚫고 일하는데 많은 어려움을 겪고 있었어요.

어려운 사정은 굼벵이 라보도 하늘소 자멜도 마찬가지였어요.

하지만 그들 모두가 너무 들떠 있어 관심을 다른 곳에 돌릴 수도 없을 뿐만 아니라 채찍을 든다 해도 일을 부리기가 힘들 거라는 생각을 하였어요.

"차라리 6월 30일을 임시 공휴일로 만들자고. 저놈들에게 공연을 보게 하고 그 다음날부터는 바로 채찍을 치며 인정사정없이 몰아대자고."

개미왕초 도니가 말하자 굼벵이와 하늘소왕초도 그렇게 하는 것이 현명한 생각이라고 말했어요.

"그렇게 하세. 그게 좋을 것 같네. 사실은 나도 그 공연이 너무 보고 싶네. 특히 다람쥐들 외줄타기 서커스 말이야."

굼벵이들로서는 그렇게 높은 곳에서 외줄을 탄다는 것은 상상도 할 수 없는 일이었으니까요.

개미왕초 도니와 하늘소왕초 자멜은 굼벵이 라보말을 듣고 깔깔대며 웃는 것이었어요.

● 죽음을 위한 분장

드디어 땅굴수로가 완성이 되었어요.

공연장 계곡 무대 뒤쪽에 아주 은밀히 숨겨진 큰 땅굴수로 구멍이 상류 머루골 큰 개울까지 지하통로로 바로 연결이 되었어요.

두더지들은 큰 가죽포대로 물이 새지 않게 개울가에 있는 구멍을 단단히 막아 놓았어요.

그리고 무대 쪽 수로 출구는 크고 화려한 그림 천들로 가려져 있었기에 공연장 어느 곳에서도 그 구멍을 쉽게 발견할 수가 없었어요.

지금까지 다람쥐들조차도 모르고 있었으니까요.

그리고 두더지들은 개미 굼벵이 그리고 하늘소들에게만 물을 쏟아 부어 숲 속에서 몰아내기 위해 교묘하게 관람석 자리배치를 하였어요.

무대 앞쪽 큰 관람석엔 개미와 굼벵이 그리고 하늘소들을 앉게 하고 다른 곤충들과 동물들은 높은 양쪽 계곡에 만든 4층 관람석에 나누어 앉게 하기로 하였어요.

이미 그들은 초대장에 지정된 좌석번호를 적어 놓았어요.

공연을 며칠 앞두고 강당골에도 많은 비가 내렸어요.

계곡의 물은 점점 불어나 머루골 상류 개울엔 그 어느 때보다도 많은 물이 가득 고여 있었어요.

세 갈래 소나무는 참나무의 침침한 그늘 속에서 해님이 주는 음식을 받아먹지 못해 이젠 탈진해 있었어요.

거기다가 수만 마리 개미와 굼벵이 그리고 하늘소 떼가 살을 파먹고 있었기에 온몸이 찢어지는 듯한 고통을 느끼고 있었어요.

무엇보다도 으름나무가 목을 꽉 조이고 있었기에 소리조차 크게 지를 수가 없었어요.

소나무가 힘없는 목소리로 말했어요.

"으름아 제발 내 목 좀 풀어 줘."

"목을 풀어 달라고!"

"그래, 제발."

"쓴물만 토해내는 그 몸뚱이 가지고 살아서 무엇하게. 나도 너의 그 더러운 몸뚱이에 붙어 있고 싶지 않아. 하지만 네놈이 죽을 때까지는 어쩔 수 없어."

"그럼 나를 죽이려고 올라왔단 말이냐."

"미련한 소나무야, 그걸 오늘에서야 알았냐? 네가 빨리 죽어야 참나무한테서 단물을 얻어먹지."

"단물이라고? 참나무한테서!"

"그 옛날 네가 아주 어릴 때 몇 달간 비가 한 방울도 내리지 않아 나 역시 목이 타는 갈증에 시달릴 때도 나는 몸속의 피까지 빼내어 너를 살렸었다."

"그런 소린 집어치워. 요즘엔 쓴물만 먹다보니 몸에 병이 난 것 같다고."

으름나무는 오직 참나무한테 얻어먹을 단물만을 생각하고 있었어요.

두더지들은 땅 속에서 땀을 뻘뻘 흘리며 으름 다래 머루나무 뿌리들을 거의 다 찾아내어 끊었어요. 그러나 그들은 아직도 두더지들이 땅 속에서 그 뿌리들을 끊고 있는 것도 모른 채 소나무 목을 조이고 있었어요.

마침내 공연 날이 밝았어요.

이른 아침부터 다람쥐들과 숲 속 동물들은 아주 바쁘게 움직이고 있었어요.

저녁이 오기 전에 그들은 모든 준비를 마쳐야 했기에 다람쥐왕초 로만의 빈틈없는 지휘아래 마무리 준비를 하고 있었어요.

그 공연의 사회자는 재간이 뛰어난 마리골 산토끼 루이가 선출이 되었어요.

사회자인 마리골 산토끼 루이는 분홍색 나비넥타이를 하고 검은 턱시도를 입었어요.

그리고 마법사가 쓰는 아주 높은 검은 모자까지 썼는데 그 바람에 양쪽 큰 귀가 얼굴에 착 붙어 내려와 있었어요.

신발은 코가 뾰족한 빨간색 장화를 신고 손에는 하

얀 장갑을 끼었는데 서커스공연 사회자답게 우스꽝스러우면서도 하지만 아주 품격 있는 차림새였어요.

"오늘 공연스케줄이 최종 결정이 되었는데 초대장에 쓰인 그것과 큰 변동은 없군."

사회자인 얼음골 산토끼 루이가 공연스케줄을 자세히 살펴보며 다람쥐왕초 로만에게 말했어요.

다람쥐왕초 로만은 지하두더지분장실에서 공연 배우들의 옷과 외발자전거 등 모든 것을 하나씩 점검하고 있었어요.

서커스공연에 잘 어울리게 그 옷들도 아주 화려하게 준비가 되어 있었어요.

다람쥐배우들의 머리에는 모자 대신 태극문양의 흰띠를 두르고 그 긴 꼬리 끝에는 아주 샛노란 야광 방울까지 달았어요.

재주를 부릴 때마다 굉장히 아름다운 소리와 빛이 방울에서 나왔어요.

그리고 위아래가 하나로 된 옷의 가슴과 등에는 밝은 은빛 바탕에 태극문양이 박혀 있었어요.

신발은 아주 부드러운 송아지가죽으로 만든 빨간색 구두였는데 아주 가볍게 보였어요.

거기다가 종아리와 팔목에는 반짝거리는 금빛 밴드를 찼어요.

두더지 전문 분장가 수십 명이 다람쥐배우들을 위해 온 정신을 다 쏟고 있었어요.

물론 다른 동물들과 곤충들도 그곳에서 분장을 하고 있었어요.

그 공연 배우들 중에는 아주 마음씨가 곱고 목소리가 환상적인 나이가 많은 돌모랭이 개미 지돈과 댕갈말 굼벵이 호빈 그리고 머루골 하늘소 레미도 있었어요.

이들은 세 갈래 소나무를 습격하여 새집을 짓는 것을 반대했던 곤충들이었어요.

이들은 쓰리 테너로 멋진 노래를 부르기로 되어 있었어요.

그 노래는 '별은 빛나건만' 이었어요.

오페라 가수답게 모두 검은색 정장을 하고 하얀 와이셔츠에 검은 나비넥타이를 하고 있었어요.

방아깨비와 여치들도 있었어요. 그들은 무대 뒤에서 춤출 백댄서들이었어요.

최고의 춤꾼답게 로봇춤을 추기 위해 다리와 팔에는
갖가지 화려한 색으로 칠을 하였어요.
그들은 진짜 로봇들이 모여 춤추는 것처럼 모든 손과 발동작이 하나같았어요.

그런데 춤꾼들 앞에서 노래할 가수는 바로 금색 털을 자랑하는 고양이 지즈였어요.
지즈는 긴 수염을 빨강 파랑 노랑 초록색으로 칠을 하였어요.
그러나 너무 아름다운 금색 털을 가지고 있었기에 수염 말고는 다른 분장은 하지 않았어요.
그가 부를 노래는 '봄빛을 안던 날' 이었어요.
그 노래는 공연장에서 듣는 게 좋겠지요.

배우들 중에는 먼 아프리카에서 온 초대 손님 원숭이 푸카도 있었어요.
그는 다람쥐들 공연이 끝나면 줄을 타고 폭포 이쪽 저쪽 계곡을 날아다니며 위험에 빠진 동물들을 구출하는 시범공연을 하기로 되어 있었어요.

그 원숭이는 통역관인 어둔골 너구리 후스에게 도대체 알아들을 수 없는 아프리카 말을 하고 있었어요.

다른 한쪽에서는 산토끼합창단과 그 아래 연주자들이 열심히 호흡을 맞추며 마지막연습을 하고 있었어요.

지휘자인 노루 토벤은 귀를 쫑긋 세우고 지휘봉을 힘 있게 저으며 예리한 눈빛으로 그 연주자들에게 사인을 보내고 있었어요.

그들은 모두 검은색 정장을 하고 진지한 표정으로 번쩍이는 악기들을 연주하고 있었어요.

숲 속의 동물들과 곤충들 중에서 아주 재주가 뛰어난 대원들로 구성된 악단은 비인필하모니만큼이나 웅장하고 그 소리는 주옥같았어요.

● 뜨거운 공연장

공연시간이 가까운 오후가 되자 불개미들과 굼벵이 그리고 하늘소들은 서둘러 공연장으로 이동하기 시작하였어요.

수만 마리가 떼를 지어 걸어가는데 마치 큰 순례를 가듯 그 끝이 보이지가 않았어요.

"오늘밤 공연 때문에 그동안 밤마다 한잠도 못 잤어."

"얼마나 멋진 밤일까 생각하니 가슴이 뛰어."

"그동안 우리는 소나무의 단단한 살을 뜯어내고 집을 짓느라 너무 지쳤어. 오늘 같은 좋은 날이 없었으면 벌써 죽었을 것 같아."

개미들은 너무 신나 공연장으로 가는 도중에 흥분된 목소리로 서로 이야기를 하고 있었어요.

드디어 모든 동물들과 곤충들이 공연장으로 들어왔

어요.

그들 모두는 그 웅장하고 아름다운 공연장 구석구석을 보고 감탄을 하며 큰 환호성을 치고 있었어요.

그리고 초대장에 적힌 좌석번호대로 자리를 찾아가 앉았어요.

하지만 두더지들은 휘황찬란한 조명 때문에 공연장으로는 나올 수가 없었어요.

거기다가 개미와 굼벵이 그리고 하늘소들이 그들을 보면 무서워 도망칠까 봐 계곡에 땅굴을 뚫어놓고 그 구멍을 통해 소리를 듣고 있었어요.

마침내 정각 7시가 되자 공연이 시작 되었어요.

사회자인 산토끼 루이가 무대 위로 사뿐히 올라왔어요.

"별빛이 반딧불처럼 쏟아지는 이 여름밤, 숲 속의 요정들인 신사 숙녀 여러분을 모시고 '한여름 밤의 서커스' 공연의 사회를 맡은 마리골 루이가 여러분께 심심한 인사를 드립니다."

"우와, 너무 멋지다 루이."

"오늘밤 신사 숙녀 여러분들께서는 평생 잊지

못할 일들을 이 자리에서 보실 것이며 그 감동은 영원히 여러분들 기억 속에 남을 것입니다."

"루이는 어쩌면 저렇게 말을 잘할까. 이렇게 수많은 관객들 앞에서도 말이야."

"먼저 여러분께 인사드릴 동물은 머루골에서 온 지휘자 노루 토벤과 그의 오케스트라입니다."

그러자 노루 토벤이 지휘하는 오케스트라는 시벨리우스곡 필란디아의 희망찬 부분을 짧게 연주하고는 토벤은 배꼽이 땅에 닿도록 고개를 숙여 관객들에게 인사를 하였어요.

"우와, 저 노루 토벤이 지휘하는 오케스트라 정말 대단한데."

"그러게 말이야 저런 멋진 악단은 난생 처음 봐."

곤충들과 동물들은 벌써 넋이 나간 듯 박수도 제대로 치지를 못하고 있었어요.

그러다가 큰 꿈에서 깨어난 듯 다시 정신을 차리고는 우레와 같은 박수를 보내는 것이었어요.

"자, 그럼 첫 번째 무대에 올라올 가수는 돌모랭이 불개미 지돈과 댕갈말 굼벵이 호빈 그리고 머루골 하늘소 레미로 구성된 환상적인 쓰리 테너가 '별은 빛나건만' 을 여러분께 들려 드리겠습니다."

여름 별빛이 송홧가루처럼 쏟아지는 것같은 그 아름다운 소리는 공연장은 물론이고 강당골 온 숲 속을 파고들어 세 갈래 소나무도 그 아름다운 노래 소리를 들을 수가 있었어요.

소나무는 그 소리를 들으며 눈물을 줄줄 흘리고 있었어요.

"저렇게 아름다운 노래를 부를 줄 아는 개미와 굼벵이 그리고 하늘소가 이 강당골 숲 속에 있었다니!"

소나무의 아픔은 이루 말할 수가 없었지만 개미와 굼벵이 그리고 하늘소 모두가 지금은 공연장으로 가 있었기에 정신을 좀 차릴 수가 있었어요.

목을 꽉 조이고 있던 으름 다래 머루나무들도 마음이 들떠 몸뚱이를 좀 느슨하게 하고는 공연장을 열심히 바라보고 있었어요.

참나무 고로쇠나무 오리나무들도 정신없이 공연장만 바라보고 있었어요.

그 쓰리테너의 노래가 끝나자

"앙콜 앙콜 앙콜"

그렇게 앙코르 소리가 끊어지지가 않자

그들은 앙콜 마지막곡으로 '오솔레미오' 를 여름밤의 영화처럼 불렀어요.

그 노래가 끝나자 모든 동물들과 곤충들은 너무 아쉽다는 표정을 지으며 숲 속이 떠나갈 듯한 박수와 환호를 그들에게 보냈어요.

"여러분, 대단히 감사합니다. 다음에 소개할 가수는 미남 고양이 지즈입니다. 여러분께 들려 드릴 노래는 '봄빛을 안던 날' 입니다. 우리 강당골 동물들의 영원한 로망 지즈를 큰 박수로 맞이해 주시기 바랍니다."

고양이 지즈는 번쩍거리는 금빛 털에 수염에는 오색 칠을 하고 아주 거만하게 한 발짝 한 발짝을 천천히 옮기며 걸어 나왔어요.

그러자 방아깨비와 여치로 구성된 백댄서들이 고양이 뒤에서 기계처럼 미동도 없이 서 있는 것이었어요. 지즈가 반주에 맞추어 노래를 부르자 춤꾼들도 음악에 맞는 아주 괴상한 로봇춤을 추는 것이었어요.

그렇게 정확하게 팔 다리가 딱딱 서로 잘 맞는 동작은 세상 어디에도 있을것 같지가 않았어요.

그리고 그들이 움직일 때마다 몸에서 나는 소리는 무슨 정밀한 로봇이 움직이는 기계소리 같았어요.

'봄빛을 안던 날
우린 뒷발로 겨울을
차 버렸지
긴 겨울밤의 아린 추억
봄빛에 태우고 말았지
아 달큰한 잠이 쏟아지던 어느 날 오후
봄빛을 안던 그날'

"방아깨비와 여치가 저렇게 멋진 춤을 출 거라고 누가 상상이나 했겠어."

"그래 맞아. 저건 진짜 예술이야. 21세기 첨단 로봇 예술 춤 말이야."

굼벵이들도 정신을 잃은 채 입을 쩍 벌리고 방아깨비와 여치들의 그 빈틈없는 춤 동작을 눈으로만 따라하고 있었어요. 비록 몸은 굼벵이였지만요.

뱀들도 코브라처럼 고개를 반짝 세우고 이리저리 목을 흔들며 재미나게 춤을 추며 쳐다보고 있었어요.

고양이 지즈의 노래가 끝나자 관객들은 환호성을 치면서 지즈와 춤꾼들에게 큰 박수를 보냈어요.

그런데 앙콜 소리는 아주 적게 나왔어요.

왜냐하면 다음 순서가 그들이 그토록 애타게 기다리던 다람쥐들의 서커스공연이었으니까요.

다람쥐들은 대기실에서 분장과 기구들을 점검하며 긴장을 풀고 있었어요.

사회자인 산토끼 루이가 다시 말을 시작했어요.

"신사 숙녀 여러분 방금 방아깨비와 여치들이 환상적인 로봇춤을 여러분께 보여드렸습니다. 그런데 그 춤은 그들만의 특이한 신체구조로 인해 출 수 있는 아주 어려운 춤입니다. 여러분들은 그 춤을 흉내 내거나 따라하지 말아주셨으면 합니다. 자칫하면 목이 부러지고 다리와 팔에 큰 부상을 입을 수도 있을 테니까 말입니다."

사회자인 루이가 아주 심각하게 말을 하자
오히려 온 관객석은 웃음바다가 되었어요.

"자, 다음 순서는 이 공연의 최고 하이라이트인

다람쥐들의 서커스공연이 있겠습니다."

대기실에서 대기하고 있던 수십 명의 다람쥐들이 왕초 로만을 따라 무대로 쏟아져 나왔어요. 그들 복장은 마치 옛 전사들처럼 푸른 바탕에 태극문양이 가슴과 등판에 박혀 있고 아주 경쾌한 모습들이었어요.

이들이 무대에 나오자마자 두더지왕초 미도는 두더지들에게 각자 자기의 위치로 돌아가라고 지시 했어요.

그리고 머루골 상류 큰 개울가에는 지하땅굴수로 옆에 비상통로를 만들어 놓고, 물을 막은 가죽포대 고리에 연결된 긴 밧줄을 두더지 수십 명이 붙잡고 잡아당길 준비를 하고 있었어요.

비상통로 안쪽에는 조그만 방울이 하나 달려 있었어요.

그 방울 끈은 두더지왕초 미도가 있는 공연장 계곡까지 연결이 되어 있었어요.

미도가 그 끈을 잡아당겨 방울이 울리면 그들이 그 가죽포대를 잡아당겨 센 물살을 땅굴수로를 통해 공연장으로 보내라는 신호였어요.

다람쥐들은 관객들에게 정중히 인사를 하고 나서 스릴을 더하는 음악에 맞추어 높은 탑을 쌓기 시작했어요.

1단 2단 3단 4단 5단 6단 7단 8단 드디어 9단 꼭대기에 오르는 다람쥐는 떨리는 몸과 마음을 가라앉히며 막 꼭대기로 올라가는 순간 발을 헛딛고 말았어요.

그때 고리에 달린 방울소리가 딸랑 하고 울리면서 그가 떨어지는 줄 알았는데 다행스럽게도 8단에 있던 동료 다람쥐 그 꼬리를 잡고 매달리는 것이었어요.

관중들도 매우 놀라 가슴을 쥐고 있었어요.

그리고 9단 꼭대기에 올라 물구나무를 서는데 성공했어요.

관중들은 큰 환호성을 치며 큰 박수를 보냈어요.

두 번째 재주는 다람쥐 한 마리가 물구나무를 서면 그 다음 다람쥐는 몸을 둥글게 휜 채로 그 꼬리를 붙들고 똑같이 물구나무를 하고 그 다음 다람쥐들도 똑같은 동작을 하여 아주 큰 원을 1층에 3개를 만들고 2층에 두개 3층에는 1개를 만드는 아주 어려운 재주였어요.

그렇게 다람쥐들은 일사불란하게 삼단으로 된 총 여섯 개의 큰 원을 멋지게 만들었어요.

"우와, 저렇게 멋진 재주를 부릴 수가 있다니!"

"다람쥐들 말고는 누구도 할 수가 없을 거야."

"저 가운데 있는 날씬하고 잘생긴 오빠 너무 멋있다. 정말 만나고 싶어."

"우리 같은 굼벵이 주재에 어떻게 저런 멋진 배우를 만날 수가 있겠어."

두 번째 서커스공연이 끝나자 공연장은 한동안 숨소리조차 들리지가 않았어요.

그리고 지금까지 한 번도 들어보지 못한 그런 큰 환호성과 큰 박수가 온 숲을 울리고 있었어요.

● 죽음 앞에 흐르는 고요

다람쥐들의 세 번째 재주는 외줄에서 외발 달린 자전거타기였어요.

그런데 아주 기상천외한 묘기였어요. 글쎄 자전거 안장 위에서 물구나무를 서서 그 방울달린 꼬리로 페달을 밟아가며 외줄을 타는 것이었어요.

그것도 한 마리가 아닌 열 마리가 동시에 올라타고 앞뒤로 이동을 하면서 서로 자전거까지 바꿔 타는 아주 높은 수준의 재주를 부리는 것이었어요.

그런데 자전거를 바꿔 타는 아차 하는 순간에 그만 자전거 한 대가 아래로 막 떨어지려고 하는데 몸이 잰 다람쥐왕초 로만이 그것을 간신히 잡았던 것이었어요.

바로 그때 두더지왕초 미도는 방울달린 끈을 힘차게 잡아 당겼어요.

머루골 상류에서 그 방울소리만을 기다리고 있던

두더지들이 드디어 그 가죽포대를 잡아당겼어요.

막아 놓은 개울물 바닥 밑으로 아주 큰 구멍을 뚫어 놓았기에 계곡으로 흐르던 물소리가 뚝 끊기고 쏴아 하는 소리와 함께 땅굴수로를 통과 하면서 엄청나게 센 물살이 되어 공연장으로 달음박질을 치고 있었어요.

다람쥐들은 이마에 구슬땀을 줄줄 흘리며 외발자전거를 타고 온갖 묘기를 다 보여 주고 있었어요.

모든 동물들과 곤충들은 정신을 잃어 숨소리도 내지 않고 높은 계곡에 걸려있는 외줄만 뚫어지게 쳐다보고 있었어요.

바로 그때 무대 뒤쪽에 뚫어 놓은 큰 구멍에서 큰 댐에서 쏟아 붓는 듯한 거대한 물기둥이 삽시간에 개미와 굼벵이 그리고 하늘소가 앉아 있는 정면 관객석으로 쏴아 하며 덮치는 것이었어요. 그 물살이 얼마나 거세였던지 그렇게 단단하게 지어놓은 무대 중앙에 서 있던 큰 기둥이 엄청난 충격으로 꺾이면서 무대가 앞으로 기우는 것이었어요.

그러다 보니 무대 위에 있던 배우들과 합창단들 그리고 연주자들까지도 위험에 처하게 되었어요.

그런데 아프리카에서 초대받고 온 동물구조 시범을 곧 보일 원숭이 푸카가 줄을 타고 앞으로 점점 쓰러지고 있는 무대 위를 번개마냥 왔다갔다하며 그들에게 큰 줄을 던져 양쪽 계곡으로 다들 무사히 나올 수 있게 하는 것이었어요.

정말로 순식간에 일어난 일이었기에 모두가 정신이 나가 무엇을 먼저 해야 할지를 모르고 있었어요.

수만 마리 개미와 굼벵이 그리고 하늘소는 바로 그 정면에서 그 거대한 물 폭탄을 맞고는 요란한 비명소리와 함께 순식간에 계곡을 따라 쓸려가고 말았어요.

어느 누구도 그들을 구조할 수도 그 겨를도 없었어요.

한편 으름 머루 다래나무 뿌리를 찾아내어 끊고 있던 두더지들은 마지막 남은 그 지독한 뿌리를 막 끊어냈어요.

온 땅속이 마치 뱀들이 토막나 죽은 것처럼 그 끊어낸 뿌리들로 뒤엉켜 있었는데 아직도 꿈틀대는 것 같았어요.

"어 왜 이렇게 현기증이 자꾸만 날까. 앞이 잘 보이지가 않아."

으름나무는 갑자기 앞이 캄캄해지고 기운을 차릴 수가 없었어요.

"나도 땅으로 떨어질 것 같아. 몸속의 피도 굳고 있는 것 같아."

머루나무도 사정은 마찬가지였어요.

"더 이상 힘이 생기질 않아. 저 소나무의 손을 끊을 수가 없어. 이젠 눈도 보이질 않아."

다래나무의 고통은 훨씬 심각한 것 같았어요.

그들은 형용할 수 없는 큰 고통을 느끼며 소나무의 목을 힘없이 놓은 채 소나무 가지에 죽은 뱀처럼 매달려 있었어요.

그들은 모두 그렇게 죽고 말았어요.

세 갈래 소나무는 마치 큰 중병에서 깨어나듯이 하루가 다르게 건강을 회복하고 있었어요.

그런데 어느 겨울이었어요. 참나무버섯재배꾼들이 강당골 숲 속을 자주 드나들었는데 어느 날 기계톱 소리가 요란하게 머루골을 들썩이더니 그 끔찍한 참나무의 비명소리가 겨울전설처럼 온 숲을 울린 뒤에 그 겨울 이후로는 참나무를 보았다는 동물들과 곤충들은 하나도 없었어요. <끝>

맹주상 약력

1962년 충남 아산 출생
고려대학교 영어영문학과 졸업
BoConcept사 한국지사 지사장 역임
아동문예문학상으로 등단
한국문인협회 회원

저서 : 모래성(시집)
겨울 나그네(시집)

해바라기 맹주상 아동문학

2020년 4월 10일 초판 인쇄
2020년 4월 15일 초판 발행

지은이 맹 주 상
펴낸이 최 석 로
펴낸곳 서 문 당

주 소 경기도 고양시 일산서구 덕산로 99번길 85 (가좌동)
전 화 031-923-8258
팩 스 031-923-8259

출판등록 제 406-313-2001-000005호

ISBN 978-89-7243-800-7

값 10,000원